AF450623

DECLARATION DV ROY,

Portant décry de tout cours & mise des Reaux d'Espagne de la fabrication du Perou, dont les figures sont cy-empraintes: & defenses d'exposer ny recevoir les Louis, Escus d'or, Pistoles, & autres especes, à plus haut prix qu'il n'est porté par les Edicts & Declarations de sa Maiesté; auec interdiction de tout cours & mise des especes legeres, tant de France qu'estrangeres.

Regiftrée en la Cour des Monnoyes le treiziéme Decembre mil six cens cinquante.

Ensemble les Arrefts de ladite Cour des 28. Nouembre dernier, & 3. Decembre 1648.

Auec l'éualuation au marc defdites especes décriées.

A PARIS,

Chez Sebastien Cramoisy, Imprimeur ordinaire du Roy, de la Reyne Regente, & de la Cour des Monnoyes.

M. DC. L.

Auec Priuilege de sa Maiesté.

OVIS PAR LA GRACE DE DIEV ROY DE FRANCE ET DE NA-VARRE: A tous ceux qui ces presentes Lettres ver-ront, salut. Les plaintes que nous auons receuës, & les aduis & re-monstrances qui nous ont esté faites plusieurs fois par les Offi-ciers de nostre Cour des Mon-noyes, du dommage & perte que souffrent nos suiets par l'in-troduction de certains Reaux fabriquez au Perou, si defe-ctueux au titre, que par les essais & fontes qu'ils en ont fait faire,

ils se trouuent la plufpart d'i-
ceux alterez dans le fin; ce qui
auroit obligé noftredite Cour
des Monnoyes de décrier lefdits
Reaux par Arreft du troifiéme
Decembre 1648. qui eft demeu-
rée iufques à prefent fans execution, au moyen dequoy le mal
s'eft augmenté, & eft paruenu
au dernier excés, mefme par le
décry qui en a efté fait à Madrid
au mois d'Octobre dernier : Ce
qui eft caufe que, lefdits Reaux
eftans à prefent hors de cours &
mife en Efpagne & en Flandres,
où ils font pareillement décriez, les Billonneurs François &
eftrangers les apportent en France, & au lieu d'iceux tirent toutes nos bonnes & fortes mon-

noyes : Ce que nous auons refo-
lu d'empefcher en defendant
l'expofition de telles efpeces,
pour éuiter la ruine totale de
nos fuiets, qui feroit indubitable, fi elle eftoit plus long-temps
tolerée. Comme auffi nous a-
uons receu de grandes plaintes,
de ce qu'au preiudice des defenfes fi fouuent reïterées, les peu-
ples reçoiuent encore les efpeces d'or & d'argent legeres, &
les font paffer dans les grands
payemens, côme fi elles eftoient
de poids, & expofent & reçoiuent celles de poids à plus haut
prix que celuy porté par nos E-
dicts & Declarations A quoy
eftant neceffaire de pouruoir:
SçAVOIR faifons, qu'aprés a-
A iij

uoir fait mettre cette affaire en deliberation en noftre Confeil; de l'aduis de la Reyne Regente noftre tres-honorée Dame & Mere, de noftre tres-cher Oncle le Duc d'Orleans, & autres grands & notables Perfonnages de noftredit Confeil, & de noftre pleine puiffance & authorité Royale, NOVS auons ordonné & ordonnons, voulons & nous plaift, que lefdits Reaux d'Efpagne tant anciens que nouueaux fabriquez au Perou, dont les empraintes feront figurées & attachées foubs le contrefeel de noftre Chancellerie, foient décriez de tout cours & mife dans noftre Royaume, Pays, Terres & Seigneuries

de noſtre obeïſſance, & ſoient
portez dans les Hoſtels de nos
Monnoyes , & chez les Changeurs, pour eſtre cizaillez en la
preſence de ceux qui en porteront , puis fondus , affinez &
conuertis en Louis d'argent à
nos coins & armes , & le prix
d'iceux payé ſuiuant l'éualuation qui en ſera faite par noſtre-
dite Cour des Monnoyes , ſi
mieux n'aiment les particuliers
qui porteront leſdits Reaux en
nos Monnoyes , aprés qu'ils
auront eſté fondus , & l'eſſay
fait par les Eſſayeurs en leur
preſence , & des Officiers deſ-
dites Monnoyes, & ſans frais,
en receuoir la valeur ſuiuant
leſdits eſſays ; Faiſant defen-

ſes à toutes perſonnes de quelque qualité & condition qu'elles ſoient, d'expoſer ny receuoir
aucuns deſdits Reaux du Perou,
à peine de confiſcation d'iceux,
& de cinq cens liures d'amende
pour la premiere fois, & de punition corporelle pour la ſecon-
de : Ordonnons que tous les autres Reaux qui ſeront de poids
auront cours par prouiſion comme cy-deuant pour leurs prix
ordinaires, ſuiuant nos Declarations, auec defenſes de les refu-
ſer ſous les meſmes peines : Faiſons auſſi defenſes aux Treſoriers de noſtre Eſpargne, de nos
Parties Caſuelles, de l'Extraordinaire des Guerres, & autres
Treſoriers Comptables, Receueurs

ueurs generaux & particuliers
de nos Finances, Fermiers, Com-
miſſionnaires, Banquiers, Marchands Artiſans, & à tous autres
nos Officiers & Suiets de quelque qualité & condition qu'ils
ſoient, d'expoſer ny receuoir aucunes eſpeces d'or & d'argent,
tant de France qu'eſtrangeres, ſi
elles ne ſont du poids porté par
nos Ordonnances, ny de les receuoir & expoſer à plus haut
prix qu'il n'eſt porté par noſdits
Edicts & Declarations : Faiſons
pareillement defenſes de rechercher, achepter, billonner, expoſer ny receuoir aucunes eſpeces d'or & d'argent legeres,
tant de France qu'eſtrangeres,
ſoit au marc ou à la piece, ny en

B

mesler auec des pesantes, pour
les faire passer comme si elles
estoient de poids, sous les peines
cy-dessus declarées: Enioignons
de les trébucher & peser; & de
porter ou enuoyer incontinent
les especes legeres és Hostels de
nosdites Monnoyes, ou chez les
Changeurs qui en payeront la
valeur, suiuant les derniers Tarifs, pour estre conuerties en nos
Monnoyes. SI donnons en man-
dement à nos amez & feaux
Conseillers les Gens tenans nostre Cour des Monnoyes, que ces
presentes ils fassent lire, publier
& enregistrer, & le contenu en
icelles garder & obseruer inuiolablement de poinct en poinct
selon leur forme & teneur, sans

permettre qu'il y ſoit contreue-
nu en aucune ſorte & maniere
que ce ſoit : CAR tel eſt noſtre
plaiſir ; En témoin dequoy nous
auons fait mettre noſtre ſcel à
ceſdites preſentes. DONNE' à
Paris ce onziéme iour de Decembre, l'an de grace 1650. &
de noſtre Regne le huitiéme.
Signé, LOVIS : Et ſur le reply, Par le Roy, la Reyne Regente ſa Mere preſente,

      DE GVENEGAVD.

Et ſur le reply eſt encores eſcrit :

Leuës & regiſtré s, ouy & ce re-
querant le Procureur General du
Roy, pour eſtre executées ſelon leur
forme & teneur, ſuiuant l'Arreſt
de ce iourd'huy.   A Paris en la

*Cour des Monnoyes le treiziéme
Decembre mil six cens cinquante.*
Signé, DELAISTRE.

EXTRAICT
DES REGISTRES
de la Cour des Monnoyes.

VEv par la Cour les Lettres Patentes du Roy du onziéme du present mois & an, signées LOVIS: & sur le reply, Par le Roy, la Reyne Regente sa Mere presente, DE GVENEGAVD, presentées au Bureau par le Procureur General en ladite Cour: Par lesquelles sur les plaintes que sa Maiesté a receuës, & les aduis & remontrances qui luy ont esté faites plusieurs fois par les Officiers de ladite Cour, du dommage & perte que

souffrent ses suiets par l'introdu-
ction de certains Reaux fabriquez au
Perou, si defectueux au titre, que par
les fontes & essais qu'ils en ont fait
faire il s'est trouué la plusparr d'iceux
alterez de leur fin; ce qui auroit obligé ladite Cour de décrier lesdits
Reaux par Arrest du troisiéme Decembre 1648. qui est demeuré iusques
à present sans execution, au moyen
dequoy le mal s'est augmenté, & est
paruenu au dernier excés; mesme que
le décry qui en a esté fait à Madrid au
mois d'Octobre dernier, est cause
que, lesdits Reaux estans à present
hors de cours & mise en Espagne &
en Flandres, où ils sont pareillement
décriez, les Billonneurs François &
Estrangers les apportent en France,
& au lieu d'iceux tirent toutes nos
bonnes & fortes monnoyes. Ce que
sa Maiesté a resolu d'empescher, en

B iij

defendant l'expofition de telles efpeces, pour éuiter la ruine totale de
fes fuiets, qui feroit indubitable fi
elle eftoit plus long-temps tolerée;
& que fa Maiefté a receu de grandes
plaintes de ce que au preiudice des
defenfes fi fouuent reïterées, les peu-
ples reçoiuent encore les efpeces d'or
& d'argent legeres, & les font paffer
dans les grands payemens, comme fi
elles eftoient de poids, & expofent &
reçoiuent celles de poids à plus haut
prix que celuy porté par les Edicts &
Ordonnances. A quoy eftant neceffaire de pouruoir; aprés auoir fait
mettre cette affaire en deliberation
en fon Confeil, de l'aduis de la Reyne Regente fa Mere, du Duc d'Orleans fon Oncle, & autres grands &
notables Perfonnages de fondit Cõ-
feil, de fa pleine puiffance & authorité Royale, ordonne, veut, & luy

plaiſt, que leſdits Reaux d'Eſpagne
tant anciens que nouueaux fabriquez au Perou, dont les empraintes
ſont figurées, & attachées ſous le
contreſeel, ſoient décriez de tout
cours & miſe dans ce Royaume, Pays,
Terres & Seigneuries de l'obeïſſance
de ſa Maieſté, & ſoient portez dans
les Monnoyes & chez les Changeurs,
pour eſtre cizaillez en la preſence de
ceux qui les porteront, puis fondus,
affinez, & conuertis en Louis d'argent, aux coins & armes de ſa Maieſté, eſtre le prix d'iceux payé ſuiuant
l'éualuatió qui en ſera faite par ladite
Cour, ſi mieux n'aiment les particuliers qui porteront leſdits Reaux eſ-
dites Monnoyes, aprés qu'ils auront eſté fondus, & l'eſſay fait par
les Eſſayeurs en leur preſence & des
Officiers d'icelles, & ſans frais, en receuoir la valeur ſuiuant leſdits eſſais;

Faisant defenses à toutes personnes
de quelque qualité & côdition qu'elles soient, d'expofer ny receuoir aucun defdits Reaux du Perou, à peine de confifcation, de cinq cens liures d'amende pour la premiere fois,
& de punition corporelle pour la feconde : Ordonne que tous les autres
Reaux qui feront de poids auront
cours par prouifion comme cy-deuant pour leur prix ordinaire, fuiuant les Declarations de fa Maiefté,
auec defenfes de les refufer, fous les
mefmes peines : & aux Treforiers
de fon Efpargne, de fes Parties
Cafuelles, de l'Extraordinaire des
Guerres, & autres Treforiers Comptables, Receueurs Generaux & Particuliers des Finances, Fermiers,
Commiffionnaires, Banquiers, Marchands, Artifans, & à tous autres Officiers & fuiets de quelque qualité &
con-

condition qu'ils foient, d'expofer ny receuoir aucunes efpeces d'or & d'argent tant de France qu'eftrangeres, fi elles ne font du poids porté par les Ordonnances, ny de les receuoir & expofer à plus haut prix qu'il n'eft porté par les Edicts & Declarations. Faifant pareillement defenfes de rechercher, achepter, billonner, expofer, ny receuoir aucunes efpeces d'or & d'argent legeres, tant de France qu'eftrangeres, foit au marc ou à la piece, ny en mefler auec des pefantes, pour les faire paffer comme fi elles eftoient de poids, fous les peines cy-deffus : Enioignant de les trefbucher & pefer ; & de porter ou enuoyer incontinent les efpeces legeres és Hoftels defdites Monnoyes ou chez les Changeurs qui en payeront la iufte valeur, fuiuant les derniers Tarifs, pour eftre côuerties en fes Mónoyes.

C

Mandant à ladite Cour faire lire, publier & enregiſtrer leſdites Lettres,
& le contenu en icelles garder & ob-
ſeruer inuiolablement de poinct en
poinct ſelon leur forme & teneur.
VEV ledit Arreſt du 3. Decembre
1648. enſemble autre Arreſt de ladite Cour du 28. Nouembre dernier:
Concluſions du Procureur General:
ouy le rapport du Conſeiller à ce
commis; tout conſideré. LA COVR
a ordonné & ordonne, ce requerant
ledit Procureur General, que leſdites
Lettres Patentes ſeront regiſtrées és
Regiſtres d'icelle, pour eſtre executées ſelon leur forme & teneur, & leſdits Reaux décriez, payez ſuiuant l'é-
ualuation faite par ledit Arreſt du
troiſiéme Decembre 1648. inſerée en
fin d'iceluy, & la valeur des eſpeces
legeres au prix porté par les derniers
Tarifs: Ordonne neantmoins ladite

Cour, que les especes d'argent de
France auec le remede des grains auront cours ainsi qu'elles ont à present, pendant six mois, pour toutes
prefixions & delais, lequel temps ex-
piré, dés à present comme deslors seront & demeureront décriées de tout
cours & mise , suiuant les Edicts &
Declarations de sa Maiesté, Arrests,
& Reglemens de ladite Cour: Faisant
defenses à tous Orfévres, Affineurs,
& autres d'achepter ou fondre desdits Reaux, & especes legeres sur les
peines portées par les Ordonnances:
Defendant à toutes personnes qui en
auront de leur en porter & bailler,
ny ailleurs qu'aux Maistres & Fermiers des Monnoyes, ou Changeurs,
qui leur en payeront la iuste valeur , suiuant lesdits Arrests & Lettres Patentes, à peine de confisca-
tion, & d'amende arbitraire : Ordon-

ne en outre qu'à la requeste dudit
Procureur General & de ses Substituts sur les lieux , il sera informé &
fait le procés à ceux qui contreuien-
dront tant ausdites Lettres Patentes , & present Arrest , qu'ausdits
Arrests des troisiéme Decembre mil
six cens quarante-huit , & vingt-
huitiéme Nouembre dernier , lesquels seront imprimez en suitte l'vn
de l'autre en vn mesme cahier , &
leus , publiez & affichez aux lieux
accoustumez en cette Ville & Faux-
bourgs de Paris , & par toutes les
Villes & lieux de ce Royaume , où
besoin sera ; à cét effect copies imprimées , & collationnées par le
Greffier de ladite Cour, enuoyées à
la diligence dudit Procureur General à ses Substituts , qui certifieront ladite Cour de leurs diligences au mois. FAIT en la Cour des
Monnoyes, les Semestres assemblez,

le treiziéme Decembre mil six cens
cinquante. Signé, DELAISTRE.

EXTRAICT
DES REGISTRES
de la Cour des Monnoyes.

SVR ce que le Procureur
General du Roy a re-
montré à la Cour, que
pour de grandes raisons
& importantes au seruice de sa Maiesté, & bien du public, elle auroit
rendu Arrest le troisiéme Decembre
1648. portant décry des Reaux d'E-
spagne, tant anciens que nouueaux,
fabriquez dans les Monnoyes du Perou, à cause de la defectuosité trou-
uée en leur titre : La publication
duquel pour aucunes considerations
ayant esté differée, a donné la
licence aux Marchands Estrangers

& François d'en trafiquer , & d'en
apporter grande quantité dans le
Royaume, dont plusieurs saisies ont
esté faites de l'Ordonnance de ladite Cour , & par elle iugées. Lesquels Reaux mesme depuis les Arrests ainsi rédus ont esté décriez pour
ladite defectuosité & alteration, en
plusieurs pays estrangers; ce qui a ap-
porté tant de desordre au commerce,
que le Roy d'Espagne, par l'Edict que
ledit Procureur General a representé,
donné à Madrid le premier Octobre
dernier, publié le mesme iour, auroit
faict décrier lesdits Reaux de tout
cours & mise, & ordonné qu'ils se-
roient portées dans ses Monnoyes,
pour estre fondus & conuertis en autres especes, aprés auoir reconnu
qu'il y auoit vne grande partie desdits Reaux alterez de leur iuste titre
de plus de moitié, & estably de grandes peines contre les contreuenans,

deux mois aprés la publication dudit
Edit; Et pour couurir le blafme qui
pourroit eftre imputé aux Officiers
de fes Monnoyes & à fes Suiets, à caufe dudit affoibliffemét de monnoye,
comme fait contre la foy publique;
aprés auoir par ledit Edict reconnu
que ladite defectuofité procede des
maluerfations commifes en la fabrication defdites efpeces & monnoyes
du Perou; il eft neátmoins expofé en
iceluy côtre verité, qu'vne partie defdits Reaux alterez qui fe trouuét dans
l'Efpagne, y auoient efté portez de
France, & autres lieux où il fuppofe
auoir efté lefdites efpeces fabriquées
fous les coins du Perou. D'ailleurs,
ledit Procureur General a eu diuers
aduis des frontieres de ce Royaume, que non feulement les Marcháds
François fe difpofent d'en aller char-
ger en Efpagne, mais auffi que les Ef-
pagnols commencent d'en enuoyer

en ce Royaume, parce que c'eſt le ſeul
Eſtat de l'Europe, dans lequel ledit
décry n'a pas encore eſté publié. Et
dautant qu'il eſt des ſoins de la Cour
de preuenir par ſa Iuſtice ordinaire,
les pertes & dommages dont les Suiets & Eſtats de ſa Maieſté ſont me-
naſſez par la tolerance de tels abus, &
d'empeſcher que les contrauentions
qui ſe font aux Edicts de ſa Maieſté,
Arreſts & Reglemens de la Cour, ne
continuent par l'expoſition des eſpeces legeres tant de France qu'eſtrangeres, meſme le ſurhauſſement d'i-
celles cauſé par l'apport en ce Royaume, & cours deſdits Reaux, par le
moyen deſquels ils ſuracheptent les
bonnes & fortes eſpeces marquées
aux coins & armes de ſa Maieſté: Re-
queroit y eſtre promptement pourueu par ladite Cour. Veu ledit Arreſt
de décry du troiſiéme Decembre
1648. enſemble ledit Edict d'Eſpagne
du

du premier Octobre dernier. La matiere mife en deliberation ; tout con-
fideré. La Covr faifant droict fur le
requifitoire dudit Procureur General, a ordonné & ordonne, que l'Arreft d'icelle du 3. Decembre 1648. fera
executé felon fa forme & teneur ; ce
faifant, que les Reaux d'Efpagne tant
anciens que nouueaux fabriquez au
Perou décriez par ledit Arreft, dont
les empraintes font figurées en fin
d'iceluy qui fera imprimé en fuite
du prefent, demeureront décriez de
tout cours & mife dans ce Royaume : lefquels feront portez par ceux
qui en auront és Hoftels des Monnoyes & chez les Changeurs , pour
eftre cizaillez en leur prefence, fondus, affinez & conuertis en efpeces de
monnoyes aux coins & armes de fa
Maiefté, & le prix d'iceux payé fuiuant l'éualuation faite & inferée en
fin dudit Arreft du troifiéme De-

D

cembre ; fi mieux n'aiment les particuliers qui porteront lefdits Reaux
aux Monnoyes , aprés qu'ils auront
efté ainfi fondus , & l'effay fait par les
Effayeurs des Monnoyes en prefence des Officiers d'icelle , & fans frais,
en receuoir la iufte valeur. Faifant
derechef defenfes à toutes perfonnes
de quelque qualité & códition qu'elles foient, d'expofer ny receuoir aucuns defdits Reaux du Perou, à peine
de confifcation, de cinq cens liures
d'amende pour la premiere fois, & de
punition corporelle pour la feconde : Ordonne que les autres Reaux
d'Efpagne auront cours comme cy-
deuant pour leur prix & poids ordinaire, fuiuant la Declaration de fa
Maiefté, Arrefts & Reglemens de ladite Cour, iufques à ce que autrement
en ait efté ordonné ; faifant defenfes
de les refufer, fous les mefmes peines:
Et outre ladite Cour a fait & fait ex-

preſſes inhibitions & defenſes à tous
ſuiets de ſa Maieſté, Treſoriers, Receueurs generaux & particuliers, Fermiers, Officiers Comptables, Com-
miſſiōnaires, Marchands, Banquiers,
Courtiers de Change , & tous autres,
d'expoſer ny receuoir aucunes eſpeces d'or & d'argent, tant de France
qu'eſtrangeres, ſi elles ne ſont de leur
poids treſbuchant, ainſi qu'il eſt porté par les Edicts & Declarations de ſa
Maieſté,& à plus haut prix que celuy
porté par leſdits Edicts & Declarations, Arreſts & Reglemens de ladite
Cour. Fait auſſi defenſes de rechercher, achepter & billonner, expoſer
ny receuoir aucunes eſpeces d'or &
d'argent legeres , ſoit au marc ou à la
piece, tant de France qu'eſtrangeres,
ny les meſler parmy les peſantes aux
payemens qui ſe feront par ſacs, ou
autrement, pour les faire paſſer comme ſi elles eſtoient de poids, le tout

fous les peines cy-deſſus; Enioint ſous les meſmes peines de les peſer & tré-bucher, & de porter ou enuoyer les eſpeces legeres incontinent aux Mai-ſtres & Fermiers des Mónoyes, ou aux Changeurs, pour en payer à l'inſtant la iuſte valeur, ſuiuant les derniers Tarifs, leſquels Changeurs ſeront te-nus les cizailler ainſi que leſd. Reaux, pour eſtre leſdites eſpeces fonduës & conuerties en monnoye. A ordon-né & ordonne, qu'à la requeſte dudit Procureur General, & de ſes Subſti-tuts ſur les lieux, il ſera informé & fait le procés à ceux qui contreuien-dront tant au preſent Arreſt qu'à ce-luy du 3. Decembre ſuſdit; ſçauoir en cette Ville de Paris par les Conſeillers de ladite Cour pour ce commis; & dans les Prouinces, par le premier des Preſidens ou Cóſeillers d'icelle trou-uez ſur les lieux, & en leur abſence, par les Generaux Prouinciaux, Iuges

& Gardes des Monnoyes , & par le
Preuoſt general & Officiers d'icelles;
& en leurs abſences, par les Preuoſts,
Baillifs, Seneſchaux , & autres Iuges
Royaux, chacun en leur égard , pour
eſtre les coulpables punis ſuiuant la
rigueur des Ordonnances. Et à ce
qu'aucun n'en puiſſe pretendre cauſe
d'ignoráce, ſera ledit Arreſt du 3. Decembre, & le preſent, leus, publiez
& affichez aux lieux accouſtumez
en cettedite Ville de Paris & Faux-
bourgs,& par toutes les Villes & lieux
où beſoin ſera, auec affiches miſes &
renouuellées de trois mois en trois
mois ; à cét effeEt copies imprimées
& collationnées par le Greffier de ladite Cour,enuoyées à la diligence dudit Procureur general à ſesSubſtituts,
pour tenir la main à l'execution d'i-
ceux, & certifier ladite Cour de leurs
diligences au mois. FAIT en la Cour
des Monnoyes le vingt-huictiéme

D iij

Nouembre mil six cens cinquante.
Signé,   DELAISTRE.

EXTRAICT

DES REGISTRES

de la Cour des Monnoyes.

 VR ce que le Procureur General du Roy a remontré à la Cour, que par l'ordre estably en icelle de faire tous les ans perquisition & essay des monnoyes estrangeres qui entrent dans le Royaume, pour connoistre si elles ne sont point alterées au preiudice de la foy publique, il a esté bien reconnu & iustifié par les procez verbaux de perquisition & d'essais qui ont esté faits depuis quatre ou cinq ans des Reaux d'Espagne fabriquez au Perou, qu'ils

se trouuent beaucoup alterez de leur
veritable & ancien titre : Ce qui a
donné lieu à la Cour d'en faire faire
de plus exactes perquisitions & essais,
tant dans Paris par les Conseillers à
ce commis, que dans les Prouinces
par les Officiers des Monnoyes : Et
par les procez verbaux qui en ont esté
faits, ensemble par les aduis desCom-
missaires de la Cour qui ont fait leurs
cheuauchées dans lesdites Prouinces,
le mesme defaut de titre a esté bien
verifié. Et la Cour voulant reconnoi-
stre si lesdits Reaux auoient esté fabriquez dans les Monnoyes dépen-
dantes d'Espagne,& non contrefaits,
elle a fait toutes les diligences possi-
bles pour en auoir l'éclaircissement
entier ; enfin elle a esté bien asseurée,
tant par les reconnoissances de plusieurs Experts qui ont veu & visité
lesdits Reaux , que par l'Edict mesme
du Roy d'Espagne donné à Bruxelles

le deuxiéme Octobre 1647. que ledit
Procureur General a representé, que
lesdits Reaux auoient esté fabriquez
dans les Monnoyes de la domination
d'Espagne, dont sa Maiesté a esté in-
formée par les remonstrances qui
luy en ont esté faites par les Deputez
de ladite Cour : aprés toutes lesquelles formalitez elle pouuoit proceder
au décry desdits Reaux ; neantmoins
pour aucunes bonnes considerations
elle a sursis audit décry. Depuis lequel temps les estrangers en ont enuoyé plus frequemment & en plus
grande quantité , & les ont alterez
plus qu'auparauant , si bien qu'en
l'année presente ils ont enuoyé en
Guyenne , Bretagne , Normandie,
Prouence & Languedoc , plusieurs
nauires chargez desdits Reaux , qui
ont esté distribuez en autres Prouinces, & se trouuent plus defectueux
que les autres, lesquels Reaux sont
empi-

empirez du quart, du tiers, & mefme
aucuns de la moitié du veritable titre de ceux qui fe fabriquoient il y a
fix ans, defquels ils ont payé des
bleds, vins, toiles, cordages, & autres
marchandifes qu'ils ont enleuées par
ce moyen, pour beaucoup moins que
leur valeur; enfemble les bonnes efpeces du Royaume, pour les conuer-
tir efdits Reaux alterez, au grand
dommage des fuiets du Roy. Aucuns
defquels nauires ayant efté faifis, la
Cour a enuoyé des Commiffaires fur
les lieux, pour informer & inftruire
les procez contre les trafiquans defdits Reaux, leurs facteurs & adherans,
& en fuite eftre punis par elle ainfi
qu'il appartiendra : tellement que le
mal eftant paruenu au dernier excés,
il eft d'autant plus neceffaire d'y apporter remede, que les plaintes en
font vniuerfelles, & que fi la facilité
de les receuoir continuë, les eftran-

E

gers en rempliront le Royaume, ils en tireront les bonnes & fortes monnoyes auec toutes les marchandifes à vil prix, & s'enrichiront au preiudice de l'Eftat ; veu mefme que le Roy d'Efpagne a décrié dans fes Eftats tous les Reaux tant bons que mauuais, defquels il a reconnu grand nombre eftre falfifiez & alterez : & à caufe de l'inégalité de leur titre & de leur poids ne les ayant pû eualuer à iufte prix, il a ordonné que tous feroient portez & fondus dãs fes Monnoyes. C'eft pourquoy ledit Procureur General requiert pour fa Maiefté y eftre pourueu auec telle confideration, que les particuliers en reçoiuent le moins de perte & d'incommodité qu'il fe pourra en defendant le cours des mauuais & alterez feulement, & en les diftinguant d'auec les bons qui auront cours comme deuant, reglant auffi le prix que

les Changeurs & Maiſtres des Mon‑
noyes donneront du marc & de ſes
diminutions, & preſcriuant les or‑
dres en tels cas requis & accouſtu‑
mez: meſme eſtre ordóné que les de‑
fenſes concernans le ſurhauſſement
des eſpeces d'or & d'argent ſeront
renouuellées. Vᴇᴠ les procés ver‑
baux de perquiſition & d'eſſays, rap‑
ports d'Experts, & reconnoiſſances
deſdits Reaux du Perou, faits à Paris
de l'ordre de ladite Cour, des 18. 20.
21. 22. & 27. Iuin, 8. Iuillet, 1. Aouſt,
& 17. Decembre 1644. Arreſt de la
Cour du 14. Ianuier 1645. Remon‑
trances faites à ſa Maieſté par les de‑
putez de ladite Cour le 16. dudit
mois en execution dudit Arreſt : Au‑
tres procez verbaux faits à Paris de
l'ordonnance de la Cour des 2. 4. 7.
11. 12. & 18 Ianuier 1647. Procés ver‑
baux des Officiers des Monnoyes de
Roüen, ſainct Lo, Aix, Bayonne,

E ij

Rennes, Nantes, & autres, des 1. Iuillet 1643. 12. Nouembre & 10. Decembre 1644. 19. Iuillet 1646. 18. Auril, 7.
8. 12. & 13. Iuin, 3. 9. 24. 27. & 30. Iuillet
1647. & 28. Iuillet 1648. Autres procés verbaux faits par l'vn des Commiſſaires de ladite Cour, faiſant ſa
cheuauchée à Roüen, à ſainct Lo, des
16. & 23. Nouembre derniers : enſemble l'Edict ou Placart du Roy d'Eſpagne, ſigné, par le Roy en ſon Con-
ſeil, VERREYKEN, donné à Bruxelles le 2. Octobre 1647. Ouy le rapport
des Commiſſaires à ce deputez : La
matiere miſe en deliberation ; tout
conſideré. LA COVR faiſant droict
ſur le requiſitoire dudit Procureur
General, pour la defectuoſité trou-
uée au titre des Reaux d'Eſpagne,
tant anciens que nouueaux, fabriquez au Perou, dont les empraintes
ſont cy-deſſous figurées, & qui ſont
differens des autres Reaux fabriquez

ſous les autres coins d'Eſpagne , en
ce que quelques-vns deſdits Reaux
du Perou ont à coſté de l'eſcuſſon vn
P ſeul , & quelques autres ont vn P B,
PR, PT, PQ, ou quelque autre let-
tre au deſſous dudit P, & des deux co-
ſtez tant de la croix que dudit eſcuſſon, des grains ronds en forme de
chapelet entre la legende & ledit eſcuſſon, & entre la legende & les cercles qui enferment ladite croix , a
décrié & décrie de tout cours & miſe
leſdits Reaux du Perou : ordonne
qu'ils feront portez és Hoſtels des
Monnoyes & chez les Changeurs,
pour eſtre fondus, affinez & conuertis en eſpeces aux coins & armes de ſa
Maieſté, & le prix d'icelles rendu ſuiuant l'éualuation faite par la Cour,
inferée en fin du preſent Arreſt ; ſi
mieux n'aiment les particuliers qui
porteront leſdits Reaux eſditesMon-
noyes, les faire fondre en leur pre-

fence , & aprés l'effay d'iceux par les Effayeurs en prefence des Officiers d'icelles, & fans frais, en receuoir la iufte valeur: n'entendant laditeCour comprendre audit décry les Reaux de Mexique marquez d'vne croix finie en fleuron ou bourdon , quoy qu'elles portent vne forme de grenetis entre la legende & les cercles qui enferment auffi ladite croix. Fait ladite Cour defenfes à toutes perfonnes de quelque qualité & condition qu'elles foient, d'expofer ny receuoir aucuns defdits Reaux du Perou, à peine de confifcation d'iceux, de cinq cens liures d'amende pour la premiere fois , & de punition corporelle pour la feconde : Ordonne que les autresReaux d'Efpagne auront cours comme cy-deuant pour leur prix ordinaire fuiuant les Declarations de fa Maiefté, Arrefts & Reglemens de ladite Cour, iufques à ce qu'autrement

en ait esté ordonné : faifant defenfes
de les refufer fous les mefmes peines.
A auffi fait & fait defenfes d'expofer
ny receuoir les Louis, Efcus d'or, Pi-
ftolles, & autres efpeces tant de France qu'eftrangeres , à plus haut prix
que celuy porté par les dernieres Declarations & Arrefts, fous les peines
y contenuës : Enioint aux Generaux
Prouinciaux, Iuges, Gardes, & autres
Officiers des Monnoyes , chacun à
leur égard, aux Preuofts , Baillifs,
Senefchaux, & autres Iuges Royaux
de ce Royaume, de tenir la main à
l'execution du prefent Arreft : Ordonne qu'à la requefte dudit Procureur General,& de fes Subftituts dans
les Prouinces , il fera inceffamment
informé defdites contrauentions, &
que les procez feront faits & parfaits
à ceux qui ont introduit & fauorifé
l'apport defdits Reaux, les ont expo-
fez,en ont trafiqué & negocié, & qui

ont exposé, & receu lefdites efpeces d'or & d'argent à plus haut prix qu'il n'eft porté par lefdites Declarations & Arrefts, pour eftre les coulpables punis fuiuant la rigueur des Ordonnances. Et à ce qu'aucun n'en pretende caufe d'ignorance, que le prefent Arreft fera leu, publié & affiché és lieux publics de cette Ville, & en tous les lieux de l'obeiffance de fa Maiefté, à la diligence dudit Procureur General & de fefdits Subftituts, qui certifieront la Cour de leurs diligences au mois. FAIT en la Cour des Monnoyes, les Semeftres affemblez, le troifiéme iour de Decembre mil fix cens quarante-huit.

Signé,   DELAISTRE.

EN-

ENSVIVENT LES FI-gures des Reaux décriez par la presente Declaration ; Ensemble l'éualuation desdites especes au marc, & le prix qui en sera donné par les Maistres des Monnoyes, & Changeurs de ce Royaume.

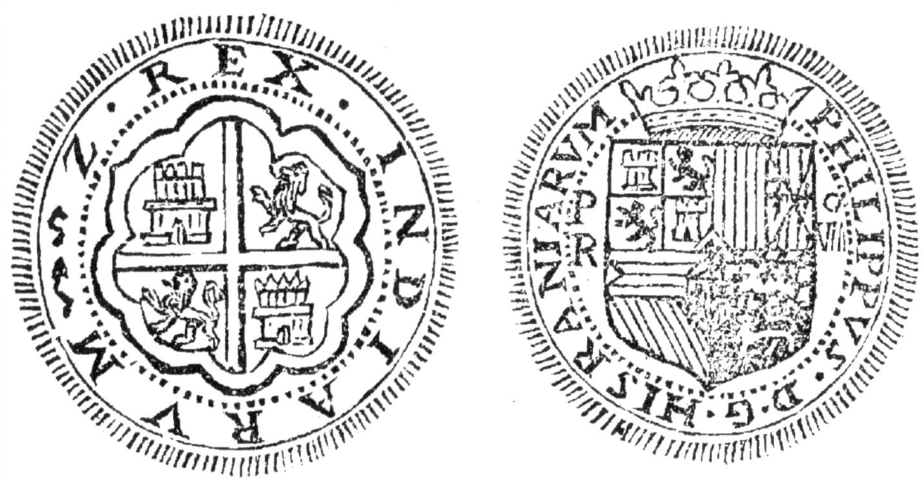

EVALVATION AV MARC
des Reaux d'Espagne de la fabrication du Perou, décriez & designez par l'Arrest cy-dessus, & dont les figures sont icy empraintes : auec le prix qui en sera donné par les Maistres des Monnoyes & Changeurs de ce Royaume ; tous déchets de fonte, frais d'affinage, & droicts de change déduits & rabatus.

SVIVANT la reduction qui en a esté faite en ladite Cour, aprés auoir procedé incessamment aux instructions & calculs faits depuis ledit Arrest iusques au 19. du present mois de Decembre, pour paruenir à la connoissance exacte du pied commun qu'on pouuoir tirer de la diuersité du titre desdites especes defectueuses, sur les rapports des essais cy-deuant faits par l'ordre de ladite Cour, des fontes desdits Reaux, de toutes

les differentes fabrications dudit Perou , & autres nouueaux essais d'i-
ceux.

Sçavoir,

Pour le Marc, vingt-deux liures
treize sols deux deniers.

Pour l'Once, deux liures seize sols
sept deniers.

Pour le Gros, sept sols vn denier.

Pour le Denier, deux sols quatre
deniers.

Pour le Grain, vn denier.

L'an mil six cens cinquante, le Vendre-
dy seiziéme iour de Decembre, la De-
claration du Roy , & les Arrests cy-
dessus ont esté leus & publiez à son de
Trompe & cry public, aux Carrefours
& autres lieux , tant ordinaires qu'ex-
traordinaires de cette Ville & Faux-
bourgs de Paris, en la presence de nous Iean
Gerin premier Huissier en ladite Cour des

Monnoyes, Iacques Blondel, & Michel Rebours Huiſſiers en icelle, ſouſſignez, par Iean Ioſſier Iuré Crieur en ladite Ville Preuoſté & Vicomté de Paris, accompagné de trois Trompettes, Iean du Bos, Iacques le Frain, Iurez Trompettes du Roy eſdits lieux, & d'vn autre Trompette Commis. Comme auſſi ont eſté ladite Declaration & leſdits Arreſts affichez par nous en tous les lieux accouſtumez de ladite Ville & Faux-bourgs de Paris, à ce qu'aucun n'en pretende cauſe d'ignorance.
Signé, GERIN, BLONDEL, & REBOVRS.

Collationné aux originaux par moy Conſeiller, Secretaire du Roy, Maiſon & Couronne de France, & de ſes Finances, Greffier en chef de la Cour des Monnoyes, ſous-ſigné